Juan de Cusa Ramos

.acerlo

COMO HACER
AVIONES DE PAPEL

ediciones
ceac

Perú, 164 - 08020 Barcelona - España

© EDICIONES CEAC, S.A.
Perú, 164 - 08020 Barcelona (España)

2.ª Edición: Abril 1993
ISBN: 84-329-8355-1
Depósito Legal: B. 10.894-1993

Impreso por:
BIGSA, Industria Gráfica
C/. Manuel Fdez. Márquez, S/N Mód. 6.1
08930 San Adrián del Besós
(Barcelona)

Impreso en España
Printed in Spain

CONTENIDO

LA PAPIROFLEXIA

En los países de habla española se conoce con el nombre de Papiroplexia, el arte de representar figuras corpóreas por medio de un papel adecuadamente plegado, por lo general a partir de una hoja de formato corriente. En los demás países se mantiene como denominación oficial la palabra Origami (de *ori,* plegar y *kami,* papel), que crearon los japoneses para calificar, indistintamente, tanto el citado arte como a cada una de las piezas realizadas dentro del mismo. Es decir, son «origami» los trabajos ya ejecutados por medio del papel plegado.

Popularmente se suele utilizar el apelativo familiar de «hacer pajaritas», considerándose pajaritas a las figuras ya terminadas. Los franceses, por su parte, llaman a las pajaritas «cocottas».

Se trata de un arte muy antiguo que se ha practicado siempre y se sigue cultivando como entretenimiento tanto de niños como de adultos, probablemente originario de la lejana China, en razón a que se debe a este país la invención del papel como producto de transformación de la borra de seda y fibras vegetales, materias que posteriormente fueron sustituidas por trapos viejos. De allí se transmitió la novedad a Corea, como antesala de su introducción en el Japón, y puesto que durante cerca de ocho siglos el papel fue conocido y utilizado exclusivamente en el Lejano Oriente, parece lógico que fuesen también aquellos pueblos los que aprendiesen, antes que nadie, a plegar el nuevo material para darle forma. Lo que si está comprobado es que entre los mejores artífices que han dedicado su afán creador, se encuentran los japoneses, quienes le dieron el nombre de Origami.

De D. Miguel de Unamuno, filósofo rector de la Universidad de Salamanca, se ha dicho erróneamente que fue quien bautizó como Papiroflexia a lo que se conocía con la denominación de Origami, para castellanizar la palabra. Sin embargo, parece que lo de «Papiroplexia» lo inventó, en el primer tercio del presente siglo y en la Argentina, el Dr. D. Vicente Solórzano, al mismo tiempo que daba vida a los vocablos «papirola», con los que designaba las figuras de papel plegado creadas por los «papiroflectas», esto es, los practicantes de la Papiroflexia.

Lo que si es cierto es que el aludido D. Miguel, exiliado en París durante la Dictadura de Primo de Rivera, tomó de los franceses la palabra «cocotte» para designar humorísticamente a esta actividad «Cocotología», por basarse en la construcción de Cocotillas, que es como él denominaba a las pajaritas de papel.

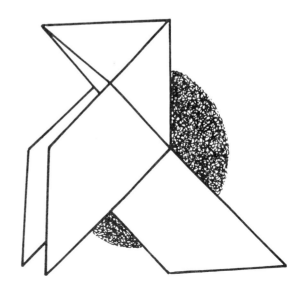

La Papiroflexia es un arte menudo, pero sumamente interesante, con el que pueden plasmarse, formando figuras esquematizadas, de planos absolutamente geométricos, las más variadas figuras de animales, personas y objetos, con el empleo de un pedazo de papel que se irá plegando, efectuando los dobleces con los dedos. Y de entre las múltiples posibilidades de

creación que ofrece, hemos seleccionado una amplia gama de aparatos voladores para desarrollar este libro, dedicado a construir una importante flotilla de aviones de papel compuesta por toda clase de modelos de sencilla ejecución, al alcance del aficionado que comienza a dar sus primeros pasos.

NUESTRA INFANCIA

En alguna época más o menos lejana de nuestra vida todos hemos confeccionado papiroflexogramas, aunque fuese con desigual fortuna. Este periodo suele coincidir, la mayoría de las veces, con la edad escolar. En los colegios se han construido y echado a volar los más heterogéneos aviones de papel.

El arte de la papiroflexia se transmite, corrientemente, de padres a hijos, de generación en generación. Aquellos aficionados que han conservado su interés por este «hobby» al superar la adolescencia y que han seguido practicando en sus ratos de ocio, no sólo mantienen la tradición, sino que trabajan para prestigiarla, aportando nuevas creaciones que permiten su permanente actualización. En nuestro país se integran dentro de la Asociación Española de Papiroflexia, entidad fundada a principios del año 1982, bajo la presidencia de D. Vicente Palacios.

Por supuesto, este libro no va dirigido a quienes pueden darnos lecciones de Papiroflexia desde todos los ángulos, sino a los que forman el grupo de quienes, una vez superado el periodo escolar, se olvidaron de las pajaritas y de los aviones de papel, por considerarlos «cosas de niños».

Por otra parte, también se ha pensado en el muchacho que ya está iniciado en el círculo papirofléctico y desea conocer nuevas posibilidades para su afición, ampliando sus conocimientos sobre el tema. Y lo que pretendemos con este pequeño trabajo no es otra cosa, precisamente, que por un lado ofrecer un completo álbum de modelos, y por otro, inyectar la confianza necesaria para que todos, puedan introducirse con firmeza en una rama concreta y muy popular de la Papiroflexia: la que se dedica a la construcción de aviones de papel.

Así, intentamos poner a unos y otros en situación de realizar los modelos que ofrecen las páginas que siguen, u otros cualesquiera inventados, o inspirados en aquéllos, lo cual ocurrirá tan pronto como comprendan que la Papiroflexia no es tan difícil como a primera vista pudiera parecer. Sólo hay que sentir un cierto entusiasmo, hacer gala de paciencia y limitarse a seguir, con la máxima fidelidad, las instrucciones que se dan al respecto e interpretarlas correctamente. Poniendo, además, algo de voluntad en la labor y un mínimo de habilidad manual.

EL MATERIAL BASE

Como su mismo nombre indica, el material básico para construir aviones de papel, será una hoja de este material. Tan pronto como el aficionado adquiere una cierta experiencia, podrá utilizar muy diversos tamaños y clases diferentes de papel con excelentes resultados. Para el principiante más o menos novato, lo más aconsejable será que recurra al papel blanco semisatinado tipo lito, de formato DIN A-4 o folio, con un peso comprendido entre los 70 y los 95 gramos por metro cuadrado. El papel corriente de escribir que se compra en paquetes de 100 o de 500 hojas, que utilizan tanto los colegiales como los universitarios y los oficinistas, suele ser muy apropiado para esta clase de trabajos.

En el caso de realizar un modelo que tenga muchos dobleces, será más conveniente recurrir al llamado «tipo barcino», que es el que se utiliza para las cartas del correo aéreo.

Asimismo, si se pretenden resultados espectaculares, pueden emplearse los papeles charolados, que presentan una de sus caras en blanco y la otra de color.

Para plegar el papel debe aconsejarse actuar siempre sobre una superficie plana, lisa, dura y resistente. Hay que evitar, por lo tanto, ese vicio tan extendido de utilizar como soporte un periódico o una revista vieja, que en realidad harán de almohadillado y dificultarán el plegado perfecto.

UN UTILLAJE SENCILLO

En realidad, para construir aparatos voladores de papel no se necesita ninguna clase de instrumento ni herramientas. Todo el secreto de la cuestión reside en los dobleces. Y para llevarlos a cabo, lo único que hace falta es habilidad manual y acierto.

De todas maneras, el principiante puede y debe ayudarse con tres o cuatro sencillos elementos. Por ejemplo, tal vez sea conveniente el auxilio de un lápiz y una regla: un doble decímetro, o mejor todavía, un juego de escuadra y cartabón de plástico transparente. Con su ayuda puede señalizar en la hoja de papel, mediante trazos, las líneas de plegado, tal como aparece expuesto en la figura 1. Estas indicaciones servirían para actuar con seguridad en las diferentes fases de la construcción del modelo. Cuando se adquiere un poco de práctica, probablemente ya no serán precisas estas señalizaciones y se puedan realizar los plegados directamente.

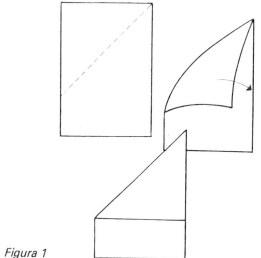

Figura 1

Para asegurarse de que los plegados se adapten con exactitud a la raya del lápiz, puede recurrirse a un elemental truco que utilizan los colegiales en la realización de sus trabajos manuales: por medio de la ayuda de una regla se trazará con la uña un surco sobre el papel, que resiga escrupulosamente la línea señalizada. El uso de

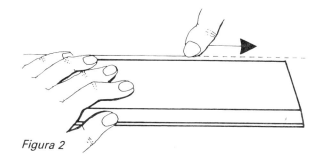

Figura 2

la uña tiene una explicación lógica: se trata de un instrumento duro, capaz de grabar ligeramente la superficie del papel sin llegar a dañarla ni cortarla, y que además podemos controlar con bastante eficacia (figura 2).

Otra cosa podría ocurrir con el empleo de unas tijeras, aunque sean de puntas romas, o de un cortaplumas. Tijeras y navajitas son dos herramientas muy peligrosas que deben evitarse para esta operación, ya que a poca fuerza que se haga con ellas se estropeará el papel.

¿Se puede cortar el papel en la Papiroflexia?

A pesar de lo que acabamos de decir en el epígrafe anterior, en ciertos casos puede ser obligada la intervención de unas tijeras para recortar partes sobrantes del papel, o hacer un determinado corte en el mismo. En tal supuesto bastará con manejar unas tijeras de tipo corriente, incluso puede utilizarse cualquier modelo escolar, que carece de puntas afiladas para que no sean peligrosas en las manos de un niño de corta edad.

Un grupo importante e influyente de aficionados «puros», no sólo elude expresamente el uso de las tijeras y los cutters, sino que niega la validez de su recurso. Esta postura intransigente, que tiene un alcance internacional, por cuanto en ella coinciden aficionados de todo el mundo, adopta un lema tajante: «Nada de cortes».

Por supuesto, también hay practicantes de reconocido prestigio —y entre los mismos formaba nada menos que el inventor de la palabra Papiroflexia, el Dr. Solórzano— que no sienten remordimientos en aplicar un oportuno tijeretazo a sus creaciones cuando lo consideran oportuno.

Adhesivos

Excepcionalmente, asimismo, puede intervenir en la construcción un tubo de pegamento o similar, para unir dos partes que deban quedar fijas de manera permanente. Para el empleo de un adhesivo, siempre que no se abuse de este recurso, existe una mayor tolerancia general que para los cortes.

Al respecto, tal vez deba recomendarse un pegamento en stick, barra sólida que es muy práctica, fácil de manejar y no ensucia los dedos. Por ejemplo, asegura unos excelentes resultados el lápiz adhesivo Pritt, o cualquier otra marca de un producto de parecidas características. Si se prefiere la cola en tubitos, puede utilizarse el popular Imedio, banda azul.

Grapas

Por último hablaremos de las grapas, que se aplicarán en unos casos para sujeciones rápidas y livianas, además de recuperables; y en otros como material de lastre, para compensar un desequilibrio de peso.

Las grapas adecuadas que se utilizarán son las llamadas minigrapas, el más pequeño formato que suministra el mercado.

Este tipo de grapadoras es un elemento habitual en los equipos escolares, que no obstante su diminuto tamaño y escaso peso, ofrecen un excelente rendimiento en sus prestaciones.

EL SECRETO DE UN BUEN AVION DE PAPEL

Hacer un avión de papel es sencillo. Quizás lo difícil sea construirlo bien; que quede simétricamente constituido y sea capaz de volar. Es aconsejable, por lo tanto, comenzar a practicar con los modelos elementales que no ofrecen dificultades a los neófitos. Y poco a poco, conforme se vaya adquiriendo una cierta experiencia, se podrá ir aceptando una mayor complejidad en los modelos.

En general, el secreto de una buena realización reside en dos factores fundamentales:

- La perfecta simetría del aparato, la cual sólo se conseguirá con el dominio del plegado del papel.
- Y el equilibrio creado entre el peso del avión y la extensión de los planos de vuelo, es decir, las alas.

La perfección de los plegados se logra alcanzar tanto por la meticulosidad con que se realicen las dobleces, como por la experiencia que se vaya adquiriendo con la práctica. Por su parte, el equilibrio entre el peso del avión y su envergadura está ya calculado en los modelos que se incluyen, concebidos para ser desarrollados con un papel corriente de espesor normal y con las medidas que se indican en cada caso.

Pueden construirse artefactos voladores con papeles más gruesos, siempre que el espesor del material no sea obstáculo para realizar los plegados. Corrientemente, cuando un papel ofrece dificultades en aceptar unos determinados pliegues, deberá rechazarse. Cabe la solución de aumentar las dimensiones del modelo, ya que al incrementarse su tamaño se conseguirán dos objetivos:

- Por una parte, al ser más grandes también los pliegues, el mayor espesor del papel habrá dejado de constituir un obstáculo insalvable, como probablemente ocurrirá en el caso de conservar el formato original.
- Y por otro lado, el aumento de peso que supondrá el empleo de un papel más grueso, quedará compensado en el avión por el aumento de los planos de sustentación representados por las alas.

Cómo ampliar proporcionalmente las partes de un avión

Para efectuar una ampliación de los modelos que reproducimos, bastará con proceder al aumento proporcional de las dimensiones de altura y longitud —anchura— de la hoja de papel que servirá de base para la construcción. El sistema más práctico y rápido para obtener el cálculo de dichas proporciones, consiste en trazar una diagonal sobre el rectángulo equivalente a las medidas del papel original, realizado desde el ángulo inferior derecho hacia la prolongación del superior izquierdo (figura 3).

En el gráfico, la zona tramada corresponde al dimensionado de hoja de papel original que se aconseja utilizar en cada modelo. Conforme vaya aumentándose esta altura original se incrementará, proporcionalmente, la de su anchura, medidas que se ajustarán al desarrollo de la citada diagonal y que en la ilustración se indican con líneas de trazos discontinuos.

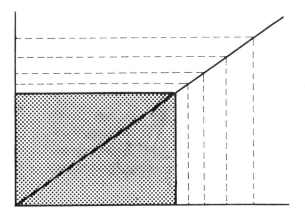

Figura 3

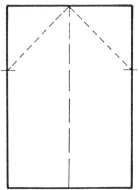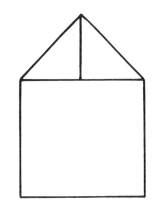

Figura 4

Los dobleces que se efectúen en las fases siguientes de la construcción del modelo llevarán implícitas las variaciones a que obligue el cambio de dimensiones, ya que los tamaños de los pliegues dependen, directamente, de las medidas de la hoja de papel que se utilice como superficie básica (figura 4). El plegado, por lo tanto, será exactamente el mismo y automáticamente se irá proporcionando para mantener la relación debida entre sus partes componentes.

Nuestro consejo, sin embargo, es que si no se ha logrado alcanzar el grado de maestría que permita actuar por intuición y experimentar por cuenta propia, lo mejor será limitarse a seguir las instrucciones que se ofrecen, operando con las medidas y papeles estándar.

¡Atención al plegado!

Los dobleces, salvo raras ocasiones, se realizan por pares encontrados, manteniendo entre ambos componentes de cada pareja una rigurosa simetría (figura 5). La desigualdad que pudiera resultar de un defectuoso plegado debido a impericia, o a simple negligencia, se hace visible a simple vista: vea algunos pliegues mal realizados en los ejemplos de la figura 6. Esta desigualdad puede provocar un desequilibrio de funestos resultados: el avión volará mal, o no volará nada y caerá torpemente tan pronto como intente surcar el espacio.

Plegar con cuidado las partes a doblar y mantener siempre la máxima simetría para el aparato

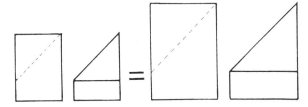

Figura 5

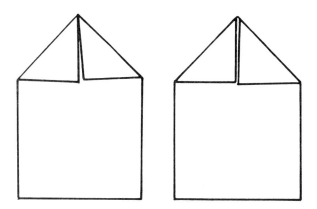

Figura 6

que se está construyendo, es una regla importantísima que deberá seguirse a rajatabla en cada fase de la operación del montaje.

Para hacerse cargo del valor que tiene esta norma, bastará con decir que la inmensa mayoría de los fracasos que se experimentan con los aviones de papel, son debidos a fallos de simetría o a la existencia de pliegues defectuosos.

EL CAMPO DE VUELO

Por lo general, los aficionados novatos muestran tendencia a lanzar al vuelo sus aviones de papel desde una ventana, el balcón o la terraza. Es decir, piensan que el hecho de iniciar el vuelo desde una cierta altura sobre el nivel del suelo favorecerá los resultados, ya que el aparato contará inicialmente con mayor espacio para evolucionar y planear antes de tocar tierra. Pero la realidad es muy distinta. El comportamiento de los aparatos arrojados por un hueco de la fa-

chada acostumbra a ser bastante irregular: la alteración en las corrientes de aire, será un obstáculo que difícilmente salvarán los débiles aviones de papel. Por ello, si lo que interesa es que el avión vuele, nada mejor que lanzarlo al espacio desde el mismo suelo y en una zona relativamente espaciosa y tranquila.

Tratándose de aparatos voladores para interiores, debe considerarse como un magnífico campo de actuación una sala de grandes dimensiones. Lo ideal sería que además estuviese previamente desalojada de muebles, lo que comprensiblemente será difícil de conseguir.

Con un poco de suerte, tal vez se pueda disponer de un almacén, un altillo, un desván, un sótano, el garaje, etc., locales que resultará factible despojar de cachivaches, antes de comenzar las prácticas de vuelo de los aviones.

En cualquier caso, para el aficionado que no dispone de un local apropiado tal vez sea más interesante jugar con modelos de aviones diseñados para exteriores. Si no hay jardín a mano, siempre será posible contar con un parque o una plazoleta, lugares que pueden aprovecharse muy bien para hacer volar aviones de papel, siempre que podamos situar la base de lanzamiento en su parte central, lo más despejada que sea factible.

Los aparatos voladores de papel deben lanzarse en línea oblicua, ligeramente levantada sobre la horizontal, imprimiendo cierta fuerza al impulso de lanzamiento, pero evitando la brusquedad. Se acompañará la maniobra con el brazo, actuando a favor del viento. En los días calmados es indiferente una dirección que otra, pero los vuelos serán más cortos y menos espectaculares.

LOS ELEMENTOS PRECURSORES

Hélices voladoras

Estos son los aparatos voladores más elementales, que pueden introducirse en una corriente de aire y resultar muy efectivos. Consisten, esencialmente, en dos tiras de papel fino de 20 a 30 cm de longitud por 10 a 15 mm de anchura. El material aconsejable es el llamado papel de seda, o en su defecto el conocido por «manila». Este último, es el que se utiliza en algunos establecimientos para envolver el pan, bollería, artículos de mercería, etc.

Las tiras se agrupan de dos en dos para formar entre ambas una sola unidad. La figura 7 expone gráficamente el proceso de confección, cuyo detalle es el siguiente:

- Superpuestas dos tiras, la parte inferior de la pareja es sometida a torsión, aproximadamente hasta alcanzar la mitad de la longitud total.
- El papel retorcido sobre sí mismo formará un eje agujado terminado en punta. Debemos asegurarnos de que este eje queda bien formado, recto y vertical.
- Entonces sólo resta separar los dos brazos de la parte superior, abriéndolos hasta que tomen una posición perpendicular al citado eje, formando el clásico perfil en T.
- Esta vez —y sin que sirva de precedente— las hélices se lanzarán al espacio *desde el balcón o una ventana,* aprovechando un día con vientos flojos pero persistentes. Las hélices comenzarán a girar sobre sí mismas y se elevarán con facilidad remontando el punto de

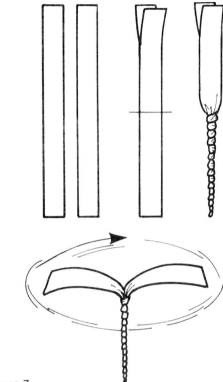

Figura 7

partida. Si todo va bien, veremos que no tardan en alcanzar una altura que sobrepasa la del edificio y que vuelan durante un largo rato, sin cesar de girar. Por eso, algunos llaman a estos aparatos *girandolas.* Las cuales, si el viento empuja, es posible que se pierdan de vista.

- Cuando el viento se calma y deja de impulsarlas, las hélices descenderán más o menos pausadamente, siempre girando, hasta depositarse en tierra. O encima de un árbol.

Una tarde de vientos suaves, supuestamente propicia para el vuelo de girandolas de papel, se puede pasar un rato muy divertido con el juego de los Paracaidistas en Normandía. Tal es el nombre que los niños dan al acto de arrojar de una vez, desde la ventana o el balcón, un buen puñado de hélices capaces de cubrir el espacio visible inmediato, aunque sea apenas durante unos segundos.

Con tres o cuatro amigos que se dediquen, a elaborar hélices de papel, puede reunirse un centenar de aparatos. El espectáculo que ofrecerán las hélices girando sin cesar, unas subiendo hacia el cielo, otras manteniendo su altura inicial, pero desplazándose hacia un lado u otro, bastantes de ellas descendiendo, bien merece el tiempo que pueda haberse dedicado a prepararlo.

Hélices planeadoras

Estas hélices se diferencian de las anteriores en que, salvo la existencia de determinadas y favorables condiciones climatológicas, que se dan raramente, no suelen remontar el vuelo a gran altura. Apenas han sido lanzadas al espacio, lo más probable será que comiencen a descender majestuosamente y a mayor velocidad de lo que fuera deseable para el lanzador, que verá como, sin dejar de girar con sus grandes aspas, el aparato termina su recorrido en el suelo.

Se construyen con un papel algo más recio y fuerte, lo que requiere un mayor tamaño para aumentar la superficie de las aletas. Puede utili-

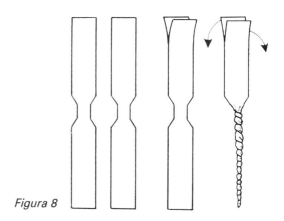

Figura 8

zarse, por ejemplo, papel corriente de escribir, papel couché, papel de fantasía para envoltorios de regalos, incluso papel kraft. En la figura 8 se ha desarrollado el proceso de construcción de este tipo de aparato volador.

Su mayor peso exige que las palas de la hélice sean más grandes. Para la confección de este modelo se utilizan también dos tiras de papel, pero cambian sus medidas, que ahora serán de 24 cm de longitud por 3 a 3,5 cm de anchura. El tamaño y el grosor del material dificultarán la torsión de la parte inferior, con la que debe formarse el eje director de la hélice. Para salvar este inconveniente se recurre a recortar dos muescas simétricamente dispuestas, una a cada lado de ambas tiras y en su zona central, de forma parecida a la que reproduce la ilustración. La situación de las muescas coincidirá con el punto central de las tiras. El adelgazamiento que éstas experimentan en dicho segmento favorecerá la operación de someter a torsión las dos partes inferiores superpuestas entre sí, sin que se rompa el papel y convertirse en el eje del aparato. Las dos partes superiores se doblan hacia afuera para constituir las palas de la hélice, las cuales quedarán perpendiculares al eje central.

Hélice de eje plano

Es una variante del modelo que acabamos de comentar. El detalle de su confección se reproduce en la figura 9.

Esta hélice es mucho más sencilla de realizar que las dos anteriores, pero también los resultados que se obtienen con ella son más pobres. Vuela con mayor torpeza, con un giro menos curioso: no en balde su eje es plano, con lo que ofrece más dificultades a girar sobre sí mismo de manera natural. Algunos le han calificado —con cierta ironía— de «pato volador», debido a comportarse «patosamente» en el aire.

En su ejecución conviene utilizar un papel algo grueso, para favorecer la posición del plegado que deberá mantener dicho eje, el cual probablemente tenderá a irse abriendo con los giros y

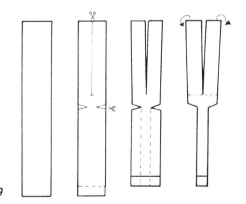

Figura 9

hacerle perder al aparato su precario equilibrio. No estará de más grapar su extremo inferior.

LAS FLECHAS

Denominadas también *Saetas,* integran el grupo más popular de los aparatos voladores confeccionados a base de papel. De muy sencilla realización, suelen ser el primer artefacto que construyen los niños para lanzar al espacio. Ofrece como características peculiares unos planos de sustentación demasiado pequeños en relación con la envergadura del aparato y su peso, así como tener el centro de gravedad muy adelantado. Por ello, están considerados como elementos de vuelo que planean algo deficientemente y sin demasiada espectacularidad, pero en cambio son muy rápidos y pueden alcanzar notables distancias en línea recta, siempre que hayan sido simétricamente construidas.

Aun cuando por tradición están clasificadas fundamentalmente como elementos voladores adecuados para interiores, asimismo pueden cumplir su misión con dignidad si son lanzados al aire libre. Sobre todo si el día está en calma y no soplan vientos fuertes.

Signos convencionales

Con las flechas aparecen ya los plegados. Como se ha dicho anteriormente, todo el secreto de la construcción de los aparatos voladores se basa en el arte de plegar adecuadamente el papel. Las ilustraciones que acompañan a los textos son lo suficientemente claras y detalladas como

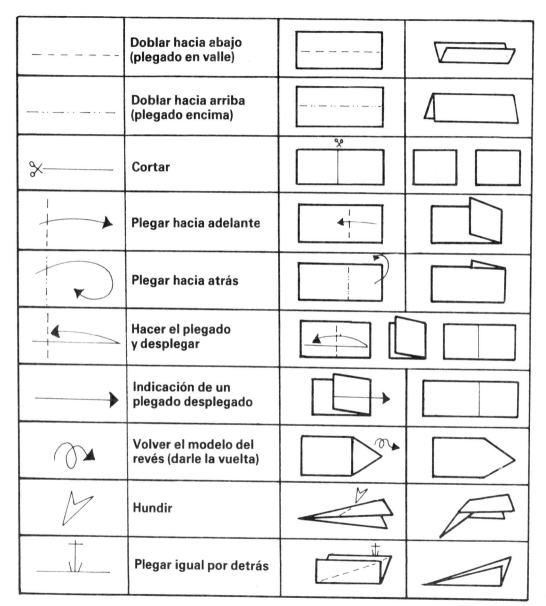

	Doblar hacia abajo (plegado en valle)		
Doblar hacia arriba (plegado encima)		
Cortar		
Plegar hacia adelante		
Plegar hacia atrás		
Hacer el plegado y desplegar		
Indicación de un plegado desplegado		
Volver el modelo del revés (darle la vuelta)		
Hundir		
Plegar igual por detrás		

Figura 10

14

para que cualquier aficionado sin la menor experiencia, pueda atreverse a confeccionar sus propios aviones con la seguridad de salir airoso de la prueba.

Ahora bien: para simplificar la descripción gráfica del proceso a seguir en cada construcción y ahorrar explicaciones, se ha recurrido al uso de ciertos símbolos que indicarán operaciones muy concretas en el manipulado. Los signos convencionales que se reproducen en la figura 10, que son los utilizados por la mayoría de los miembros de las Asociaciones de Papiroflexia de todo el mundo, están admitidos por el correspondiente organismo español. Con su adopción se facilita la lectura de los gráficos y su cabal comprensión por los aficionados de cualquier país.

Esto último es muy importante, si pensamos que un lector que conozca los signos convencionales de la Papiroflexia podrá interpretar correctamente cualquier plano o gráfico que caiga entre sus manos, sin que tenga necesariamente que entender el idioma con el que haya sido editado el libro o la revista en donde aparezca publicado dicho trabajo.

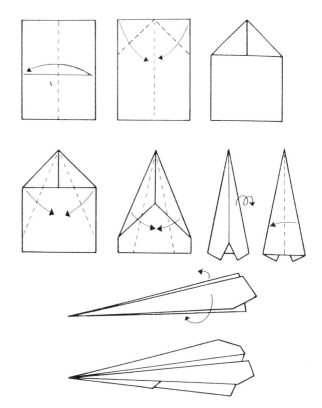

Figura 11. Flecha común.

Flecha común

La saeta tradicional se aconseja realizarla con una hoja de formato folio o DIN A-4 para los tamaños grandes; de la mitad de dichas dimensiones para los medianos; y de su cuarta parte para los pequeños. Naturalmente, puede hacerse asimismo con otras medidas, siempre que se refieran a una forma rectangular y la anchura corresponda, aproximadamente, a la tercera parte del alto de la hoja. Esta relación entre el ancho y el largo del papel se mantiene para un buen porcentaje de los modelos de avión y flechas que reproducimos (figura 11).

Cuando las flechas son grandes mostrarán tendencia a irse abriendo por la cola, lo que puede dificultar el vuelo del aparato. Algunos intentan superar este inconveniente con una grapa, colocada en la parte central de la base, la que con un poco de optimismo se puede considerar como el fuselaje. Otros prefieren recurrir a la sujeción por medio de una gota de pegamento aplicada en el mismo punto; pero el grapado es más rápido y no necesita de tiempo alguno de espera para secar.

Curiosamente, se ha mantenido la tradición de echarle el aliento a la punta de la flecha para calentarla, segundos antes de ser lanzada, operación con la que los pequeños papiroflectas suponen —gratuitamente— que se facilita una buena travesía al aparato.

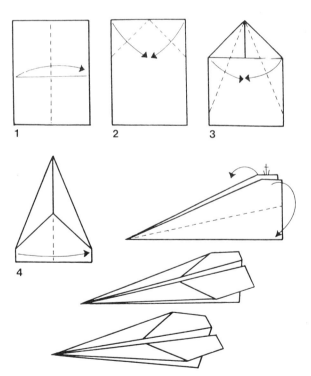

Figura 12. Flecha reforzada.

Flecha reforzada

Esta flecha, variante de la anterior, utiliza el sistema de plegar por ambas caras del papel las alas del aparato, lo que proporciona una mayor resistencia al conjunto, al mismo tiempo que mantiene una cierta tensión entre los dos costados. Ello supone que se habrá atenuado la propensión que tienen las flechas a irse abriendo, por lo que no precisa de grapas ni de adhesivos.

El vuelo de este tipo de saeta acostumbra a ser más rectilíneo. Y bien lanzada puede alcanzar distancias muy importantes, superiores a las de otros modelos. No obstante, en el favor de los pequeños ingenieros de flechas ocupa el segundo lugar, ya que el primero se le sigue concediendo al que hemos desarrollado en la página anterior.

Avión-Flecha

En general, las flechas vuelan poco y suelen aterrizar tan pronto como pierden el impulso inicial que provoca el lanzamiento. Entonces comienzan a descender más o menos rápidamente y pierden altura. Como ya hemos dicho, el principal defecto imputable a estos aparatos reside en la escasa superficie que ofrecen sus alas, en relación con las dimensiones que tienen.

El avión-flecha que vamos a describir representa un intento, por otra parte bastante logrado, de superar tal inconveniente aumentando el área de los planos de sustentación.

La primera fase de la construcción se halla expuesta en los dibujos 1 al 4 de la lámina que corresponde a la figura 12. La ilustración A de la figura 13 indica la rectificación que debe hacerse al ple-

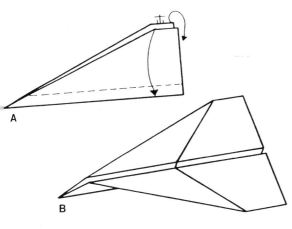

A

B

Mejora del modelo

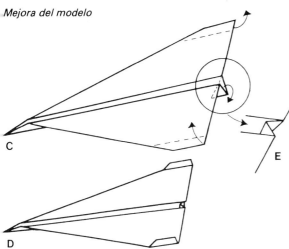

C

D

E

Finalmente puede rebatirse hacia atrás, para formar un pequeño pliegue, el extremo terminal del fuselaje (dibujo E), con lo que el modelo quedará terminado.

Esta flecha, que puede ser considerada ya como un pre-avión, nos servirá para introducirnos en el mundo de los aviones y los planeadores.

PLANEADORES Y AVIONES

La diferencia fundamental entre un planeador y un avión, consiste en que el primero es un aeroplano que carece de motor, por lo que al no llevar incorporado ningún elemento autopropulsor, no puede avanzar en vuelo ni remontarse por sí mismo, sino que descenderá planeando desde su altura incial.

Puesto que los aparatos voladores de papel no llevan, obviamente, elemento de propulsión alguno, en realidad todos los modelos serán planeadores y no puede hablarse propiamente de aviones. La distinción establecida por los aficionados para calificar a sus papirolas destinadas a surcar el aire, se basa en otros razonamientos que nada tienen que ver con la mecánica. Se consideran aviones los modelos que, por su diseño, recuerdan al de un aeroplano, y que son lanzados al espacio con la pretensión de que a favor de una corriente de aire, puedan remontarse sobre el punto de partida. Por el contrario, se consideran planeadores cuando el único objetivo que se busca es que el aparato planee, descendiendo más o menos suavemente desde el punto en que fueron lanzados al espacio. Los planeadores suelen darle mayor importancia a las alas que al cuerpo del aparato. Son también más ligeros, pesan menos. Pero sólo planean.

gado señalado en el dibujo 5 (figura 12), cuya ejecución queda reflejada en el dibujo B de la figura 13 que estamos comentando.

Todavía puede mejorarse el comportamiento en el aire de este aparato si se le dota de alerones, tal como muestran los dibujos C y D.

Planeador de proa milano

Se construye con una hoja de papel de escribir corriente, formato folio o DIN A-4.
Muy sencillo de ejecución, tal vez el modelo más elemental del grupo. Es el planeador apropiado para que el principiante comience a familiarizarse

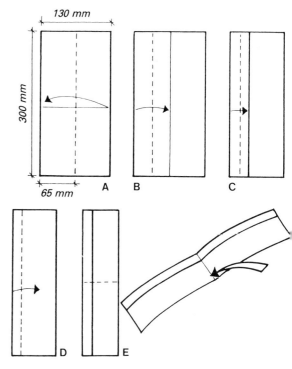

Figura 15. Alas planeadoras.

con el plegado de los aparatos voladores. Ofrece un excelente rendimiento, siempre que se le haga actuar dentro de ambientes cerrados.
Como todos los planeadores debe dejársele caer, sin impulsarle.

Alas planeadoras

Igualmente fácil de realizar, este modelo participó en el Primer Concurso Internacional de Aviones

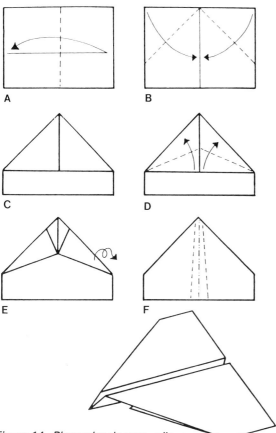

Figura 14. Planeador de proa milano.

18

de Papel organizado por la Scientific American, donde alcanzó brillantes resultados.

Su construcción requiere medidas especiales, como específica el gráfico: 13 × 30 cm. También se utilizará un tipo de papel muy fino, pero resistente, tal por ejemplo el que se usa para escribir las cartas destinadas al correo aéreo, o en su defecto el llamado «de seda». Por otra parte, hay que poner extremada atención en el plegado, que por su misma y sencilla elementalidad se presta a irregularidades en el desarrollo de la operación, a la que no se concede la importancia que realmente merece.

Como resultado de una labor ejecutada demasiado deprisa o con exceso de confianza, pueden formarse pequeñas desviaciones en los pliegues capaces de alterar el equilibrio del aparato. Se trata de un modelo exclusivamente para interiores.

Planeador orión

Este es un modelo de avión planeador que admite varias versiones ligeramente diferenciadas entre sí por pequeños detalles. La que desarrollamos en los gráficos adjuntos es, posiblemente, la más conocida, ya que se trata de un aparato de papel que conocen y con el que juegan los niños de todo el mundo.

Apto para vuelos interiores, se realiza a partir de una hoja de papel de escribir corriente. Admite, igualmente, ser confeccionado con papel charolado de dos colores, lo que prestará mayor vistosidad al acabado. En este último caso, debe comenzarse a plegar con la cara blanca mirando hacia arriba. Al respecto, conviene saber que a menos

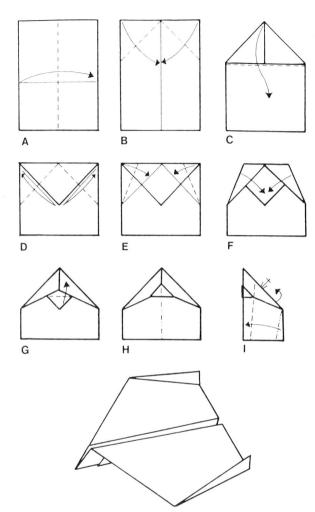

Figura 16. Planeador orión.

se advierta lo contrario, se da por supuesto que al trabajador con papeles de dos colores la cara blanca corresponderá siempre al anverso.

Planeador de proa milano

Planeador orión

Cabeza universal
para aviones y planeadores

Un porcentaje mayoritario de los aparatos voladores de papel utilizan, para resolver su parte
delantera, el módulo universal cuyo desarollo se
representa en las seis fases de la ilustración adjunta. Una vez construido, el susodicho módulo
proporcionará al cuerpo del aparato una cabeza
en forma de doble pirámide integrada por dos
pirámides superpuestas.
Dejando aparte las excepciones que se indicarán oportunamente, la primera fase en la construcción, consistirá en efectuar los dobleces per-
tinentes para crear, en la hoja de papel básica,
la cabeza universal en forma de pirámide.

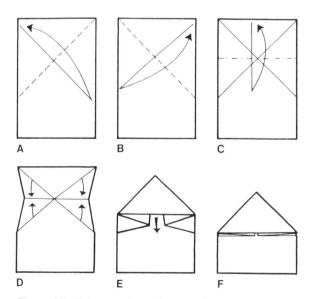

Figura 17. Cabeza universal para aviones
y planeadores.

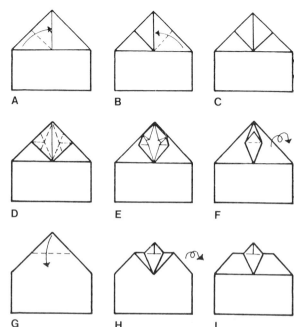

Figura 18. Proa tradicional para complementar
la cabeza de pirámide.

Proa tradicional para
complementar la cabeza de pirámide

La cabeza triangular en pirámide suele constituir
el primer paso. Ahora debe confeccionarse la
proa de la aeronave.
Será parte destinada a hendir el aire para abrirle
camino al aparato y que avance mejor.
Los esquemas gráficos que componen esta lámina enseñan a plegar el papel para construir la
proa tradicional. Es esta una figura aplicable no
solamente a los aviones y planeadores, sino a

un buen número de modelos de todas clases, dentro del mundo de la Papiroflexia, que nada tienen que ver con la aviación.

Planeador gaviota

Realizado a partir de la cabeza en pirámide y la proa convencionales cuya consecución se describe en las figuras 17 y 18, utilizando una hoja de escribir corriente, formato folio o DIN A-4.

Se trata de un modelo sencillo, fácil de realizar y muy efectista. Puede ser destinado indistintamente a una habitación cerrada o al aire libre. No precisa de impulsión inicial, bastará con dejarlo caer desde cierta altura para verle descender planeando. En todo caso, si se desea imprimir mayor fuerza a la arrancada, se le empujará con suavidad, nunca bruscamente.

Si el modelo está perfectamente equilibrado descenderá describiendo una pequeña curva en su recorrido, más acentuada si se le hace actuar en la calle o el jardín.

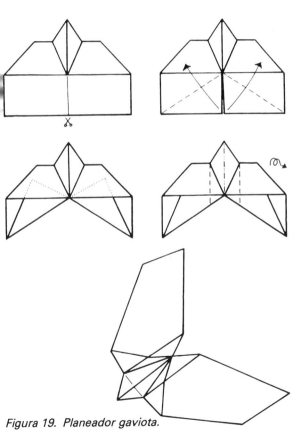

Figura 19. Planeador gaviota.

Avión clásico

Modelo cuya realización se describe a partir de la cabeza y proa tradicionales. Su desarrollo puede considerarse como la continuación de los reproducidos en las figuras 17 y 18. El orden de actuación será el siguiente:

- Cortar una tira de la parte inferior, cuyo ancho sea aproximadamente las tres quintas partes de la superficie cuadrangular que hay debajo de la cabeza ya plegada del futuro avión.
- A continuación, se despliega el extremo superior de la cabeza, con lo que aparecerá de nuevo la característica figura triangular en pirámide.
- La tira que hemos cortado antes se doblará en sentido longitudinal por su centro, para que deje marcado su eje medio.
- Una vez vuelta a desdoblar la tira, previo dos cortes de tijeras en su parte delantera para

23

Planeador gaviota

Avión clásico

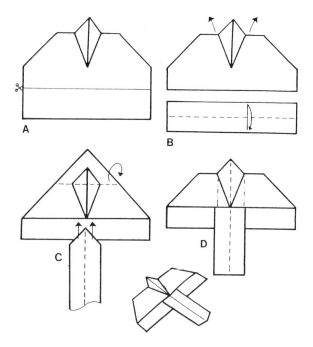

Figura 20. Avión clásico.

nuevo la proa. El pliegue atrapará y sujetará con firmeza la cola del aparato, el cual estará ya terminado y en condiciones de volar.

Este es el avión de papel más divulgado: resultará difícil encontrar a alguien que no lo haya hecho al menos una vez en su vida. En cierta forma, puede decirse que es el «jefe» de la familia de aparatos voladores que confeccionan los aficionados a la Papiroflexia que hay en el mundo.

Un defecto que puede malograr el trabajo realizado

Los fallos que presentan los modelos de avión dotados del módulo descrito, en su inmensa mayoría deben achacarse a la deficiente construcción de la proa, que es precisamente la parte más importante del aparato, y cuya perfecta realización resulta algo difícil de conseguir para el aficionado que todavía no ha conseguido adquirir un cierto grado de experiencia. En la figura 21 se muestra el defecto más corriente: las puntas de la proa se abren hacia afuera, lo cual provocará que el vuelo del avión sea corto y deficiente.

achaflanar sus dos ángulos, se introducirá en el hueco interior que, como una especie de bolsillo, presenta el triángulo por su base. Hay que poner cuidado para que los ejes centrales respectivos del cuerpo delantero y de la cola, coincidan con la mayor exactitud posible.

- Las propias paredes internas de la pirámide actuarán de tope, el cual impedirá que la tira continúe avanzando cuando llegue a encontrarse con ellas.
- En este momento se vuelve a plegar al extremo de la cabeza para que aparezca de

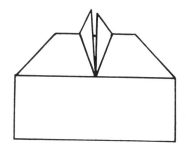

Figura 21

Una punta *bífida*, que es como se llama a una punta partida en dos partes independientes y más o menos iguales entre sí, se deberá casi siempre, y más concretamente en este caso, al empleo de un papel demasiado grueso que dificulta la acumulación de los pliegues. Si a este problema se añade el que puede imputarse a la impericia del principiante, que todavía no ha tenido tiempo de aprender a doblar con precisión, tendremos explicado el origen de tantos fracasos.

Cuando a pesar de los primeros intentos y sus oportunas rectificaciones la proa del avión se empeña en mantenerse abierta, lo primero que debe hacerse es verificar si el grosor del papel es el correcto. En cualquier caso, el sentido común aconsejará utilizar otra base que sea más fina. Por otro lado, un avión mal terminado o con defectos de construcción no debe intentar rehacerse nunca. Si el trabajo sale mal, la mejor postura a tomar consistirá en reconocerlo así y tirarlo al cesto de los papeles, para construir otro nuevo. No nos cansaremos de insistir en este aspecto: ante un modelo que se resiste a salir bien, debe repetirse la copia tantas veces como haga falta, hasta que se consiga adquirir la experiencia necesaria para salir victorioso de la prueba.

Cambios en la cola

Aunque está comprobado que la cola elemental que suele utilizarse para los aviones tradicionales, expuesta en la figura 20, es suficientemente eficaz y cumple su cometido con dignidad, se ha intentado por muchos aficionados mejorar el di-

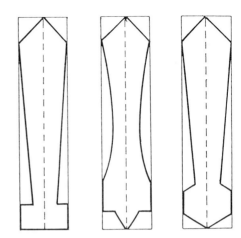

Figura 22

seño de este modelo infinidad de veces: en ocasiones modificando la forma de la cola, y en otras añadiéndole al aparato las aletas posteriores, cuando no aplicando los dos recursos a un mismo tiempo.

La figura 22 presenta tres soluciones que pueden darse a la parte trasera del avión. No obstante, probablemente usted conozca e incluso puede haber creado otros modelos mejores que los reproducidos.

Avión transcontinental Blue Star

Este aeroplano precisa para su realización de un papel de medidas especiales: 15 × 31 cm, o bien de 8 × 16 cm, según se trate de un avión de tamaño grande o pequeño. Sencillo de construir deparará, no obstante, unos excelentes resultados de vuelo, tanto si se le hace actuar en

Avión flecha de oro

Avión Galáctico Ursus

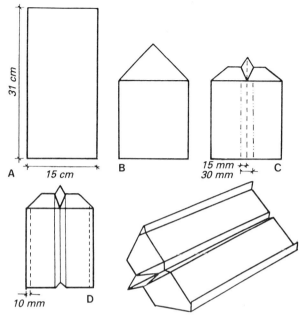

Figura 23. Avión transcontinental Blue Star.

neas de doblez, tal como se aprecia claramente en la ilustración.

Por último, los alerones se montarán con dos pestañas perpendiculares u oblícuas dispuestas en ambos laterales de las alas, de unos 10 mm de anchura y plegadas en valle. La inclinación que se dé a estos alerones con respecto a los planos de vuelo, permitirán que trabajen con elementos de equilibrio y de dirección.

Avión flecha de oro

Se trata de una variante del anterior modelo. En él se sustituyen los alerones estabilizadores paralelos por otros de mayor superficie y diseño triangular, de sentido convergente hacia la ca-

ambientes interiores como exteriores. Utiliza papel corriente.

Se inicia el plegado tras haber alcanzado los módulos tradicionales de la cabeza en pirámide y la proa en pico. A partir de esta fase, sólo hay que plegar la parte central para dar cuerpo al fuselaje y a las alas. El primero se consigue doblando ambos laterales encima, a unos 15 mm aproximadamente del eje central, a su vez doblado en pliegue de valle. Y decimos «aproximadamente» porque, aun cuando tal medida sea la que le corresponde, en realidad quién mandará son los dos ángulos externos del morro de pico, a los que serán tangentes las mencionadas lí-

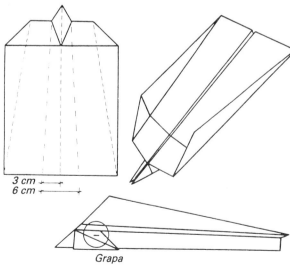

Figura 24. Avión flecha de oro.

beza del aparato. Las líneas de plegado se inician en los dos ángulos superiores de la cabeza del avión y terminan en los dos ángulos inferiores, correspondientes a la cola.

El fuselaje también experimenta un cambio, al convertir el trazado rectangular por otro trapezoidal, al igual que ocurre con los planos de sustentación de las alas, que sufren parecida alteración. Las líneas de doblado nacen en los dos ángulos externos del morro de pico, y mueren a los 30 mm del eje central.

Estas variaciones, que proporcionan al aparato una forma más elegante y estilizada, le conceden asimismo la posibilidad de superar la velocidad normal en los aviones de papel, si encuentran buenas condiciones de vuelo. Pero también pueden favorecer una mayor tendencia al cabeceo.

Este peligro puede evitarse, o al menos atenuarse, manteniendo el fuselaje unido, no permitiendo que se abra durante el vuelo. Puede recurrirse a la solución sencilla de grapar en la cabeza doblada, poco más o menos donde se indica en el perfil adjunto con la letra A.

Avión Galáctico Ursus

Se utiliza papel normal de escribir, pero de formato cuadrado. Medidas recomendadas: 20 × 20 cm y 24 × 24 cm. En color blanco o empleando papel charolado de dos colores, lo que dará viveza al aparato.

Los gráficos detallan el proceso de construcción con claridad.

Si los pliegues se han hecho con meticulosidad, el avión volará perfectamente. El nombre se lo

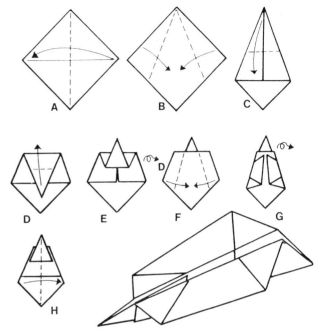

Figura 25. Avión galáctico Ursus.

dió Francis Senderer, conocido maquetista aficionado a la Papiroflexia.

Reactor caza de acompañamiento Star Fighter

Construido a partir de un papel corriente de oficina o material de dos colores, formato cuadrado de 20 × 20 cm y 15 × 15 cm.

No es un aparato difícil de hacer, pero si requiere una gran precisión en los plegados y asegurarse de que se mantiene la simetría debida

Reactor caza Star Fighter

Planeador Jasper

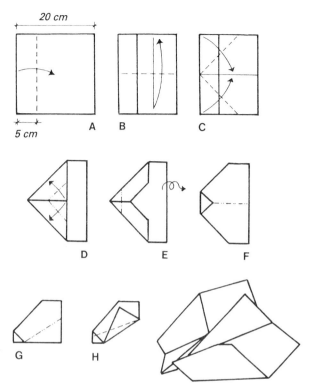

20 cm

5 cm

A B C

D E F

G H

Figura 26. Reactor caza de acompañamiento Star Fighter.

desde el principio hasta el final. Se trata de un modelo de avión ciertamente delicado, que acusa enseguida los más mínimos fallos en la construcción, alterando su estabilidad. Pero si se pone la debida atención en el proceso del montaje, el avión se mostrará agradecido y recompensará el esfuerzo realizado volando raudo y graciosamente durante largo rato, a pesar de su escaso tamaño.

Planeador Jasper de cuerpo tronco-cónico

Modelo clásico de avión planeador de gran rendimiento, que además resulta muy indicado para los aficionados principiantes, ya que su confección no obliga a una extrema precisión. Incluso admite algunas pequeñas irregularidades en los plegados, que si no son excesivas apenas alterarán el funcionamiento del aparato. Requiere una hoja de papel de escribir corriente, blanco, o papel charolado de dos colores, en formatos folio o medio folio. El punto de partida de la serie de gráficos que desarrollan la realización de este modelo se halla en el módulo de la cabeza de pirámide (figura 17).

Hasta la ilustración D, los dibujos no precisan de aclaración alguna. En la ilustración E, que está ampliada con respecto a las otras de la misma figura, se indica que las dos pestañas triangulares 1 y 2 deben introducirse con cuidado para que no se deterioren, dobladas por su base sobre sí mismas, en los bolsillos interiores que llevan en su borde superior las pestañas triangulares 3 y 4.

También precisa explicación la ilustración G y la ampliación con detalle de la ilustración H. El triángulo superior, 5 plegado por su base, debe admitir en los bolsillos que llevan sus lados 6 y 7, las puntas 8 y 9 de los dos triángulos que hay debajo.

El conjunto debe quedar bien trabado y con un terminado pulido. Si no sale bien a la primera vez, bisar la operación; si tampoco se acierta, repetir el modelo tantas veces como haga falta. Suponiendo que se encontrase excesiva dificultad para resolver estos plegados, tal vez fuese conveniente recurrir a la utilización de medidas

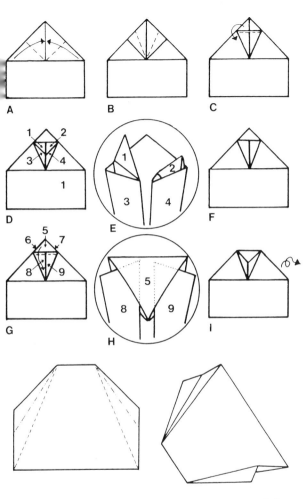

Figura 27. *Planeador Jasper de cuerpo tronco-cónico.*

mayores, siempre proporcionales, para acostumbrarse a manejar los pliegues que requiere este avión. Una vez asimilada la fase y aprendida la técnica de actuación, debe volverse a los formatos más pequeños, que habrán dejado de ofrecer problemas de realización.

El resto del trabajo (dibujos I, J, y K) no presentará dificultad alguna. El modelo de planeador es para actuar en ambientes interiores, en los que si ha sido bien confeccionado dará muy buenos resultados. Participó en el Primer Concurso Internacional de Aviones de Papel que organizó en los EE.UU. la Scientificic American y su paternidad se atribuye a I.R. Otte, quien introdujo variantes propias a un planeador de procedencia popular.

Avión ligero Michel Angelo

Para su confección emplear papel blanco de escribir, o bien charolado de dos colores. Formato aconsejable: medio folio.

Es un modelo que ofrece muy escasas dificultades para su construcción, pero requiere sumo cuidado en la ejecución de los plegados. No admite fallos en los dobleces, pliegues falsos ni errores de simetría: la existencia de estos defectos se acusa enseguida por el mal comportamiento del aparato en el aire. Cuando es lanzado al vuelo y vemos que pica y cae torpemente de cabeza, señal de que tiene algún error en los plegados.

Bien equilibrado, en cambio, proporcionará grandes satisfaciones al aficionado por su naturalidad en el vuelo, aunque no suele alcanzar largas distancias. Hay que lanzarlo con cierta fuerza. Diseño atribuído a Eduardo Márquez, de Valencia.

**Avión ligero Michel
Angelo**

**Reactor de combate
Rambo II**

**Avión ligero de
competición Alondra**

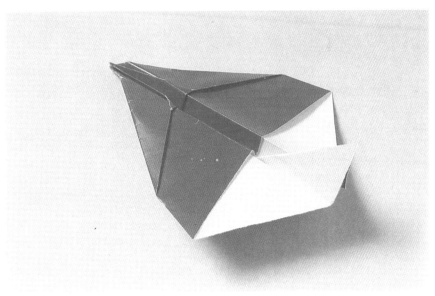

**Avión de entrenamiento
Zafiro**

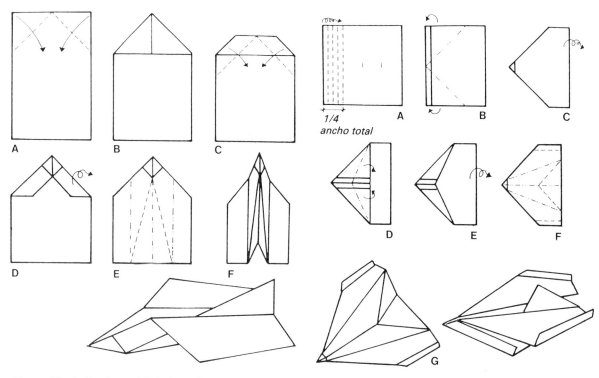

Figura 28. *Avión ligero Michelangelo.*

Figura 29. *Reactor de combate Rambo II.*

Reactor de combate Rambo II

Modelo muy popular en los medios juveniles, tal vez vaya en camino de convertirse en un avión clásico. Indicado para confeccionarse con papel cuadrado blanco o de dos colores. Medidas recomendables: 10 × 10 cm, 15 × 15 cm y 20 × 20 cm.

De sencilla ejecución, siempre que se sigan rigurosamente las indicaciones que desarrollan las viñetas adjuntas.

Debe lanzarse con fuerza. Buen rendimiento en espacios interiores; no tan bueno actuando al aire libre. Algunos aficionados sujetan el fuselaje por debajo de la cola con una grapa, para evitar que la parte trasera del aparato se abra demasiado. Nuestro consejo es que no se haga: la abertura natural de los pliegues por su parte posterior no afectan al vuelo, al menos de forma importante, y su cierre forzado sí que puede disminuir la capacidad del avión a mantenerse en el aire, a poco que se desvíe la colocación de la grapa. De creación anónima, probablemente inspirada en un conocido modelo de Kunihiko Kasahara.

Avión ligero de competición Alondra

Al igual que el modelo anterior —el reactor Rambo II— la construcción de este aparato se basa en un papel cuadrado de calidad corriente; debe ponerse atención al desarrollo de las fases que se reproducen en la lámina adjunta. Tamaños aconsejables: 10 ×10 cm, 12 ×12 cm y 16 ×16 cm.

Es un poco más difícil de montar que la mayoría de los aviones que hemos descrito hasta ahora, lo que exigirá una mayor dedicación por parte del papiroflecta para salir airoso de la prueba.

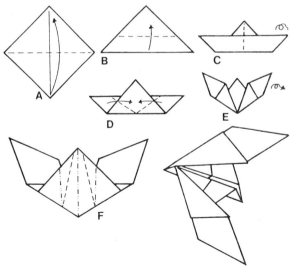

Figura 30. Avión ligero de competición Alondra.

El avión Alondra asegura unos excelentes resultados en ambientes interiores, pero es un modelo que se atreve igualmente a intentar el vuelo en el exterior, y casi siempre lo consigue. De hecho, es un tipo de avión que merece el calificativo de universal.

Se conocen muchas versiones de este aparato. La que acogemos en estas páginas es atribuída a Mario L. Bodie, de Turín. Debe echarse al vuelo tomándolo por la cola y empujándolo con fuerza, pero sin brusquedad.

Avión de entrenamiento Zafiro

También para construir a partir de un papel cuadrado de tipo corriente, en formato 20 × 20 cm o 15 × 15 cm.

De sencilla ejecución si se exceptúa la cola, que debe actuar como timón y estabilizador de popa. Ponga atención en la realización de esta parte del aparato y aténgase con la máxima escrupulosidad a las indicaciones que reproducen las figuras anexas. Sobre todo, hay que poner sumo cuidado en los dobleces de los primeros plegados, ya que un pequeño error de ajuste en su ejecución producirá una cadena de fallos en los pliegues que sigan superponiéndose. El desequilibrio del conjunto será difícilmente remediable posteriormente.

Es un aparato de vuelo ligero, adecuado para interiores y exteriores. Creación de F.T. Cooper, de EE.UU. Hay que lanzarlo al vuelo con suavidad. Si muestra tendencia a cabecear, señal de que la cabeza pesa demasiado; en este caso, puede equilibrarse por medio de dos grapas colocadas en la parte posterior de la cola, uniendo

Golondrina clásica

Avión cometa Sirius

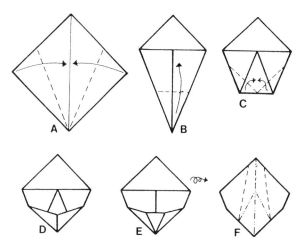

Figura 31. Avión de entrenamiento Zafiro.

por ambos laterales una parte de ésta con el pliegue del ala adyacente, sin cerrar en ningún caso la abertura de la cola-timón. (figura 32).

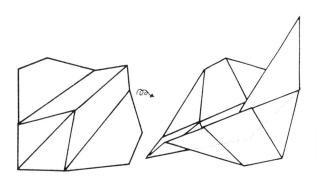

Figura 32

Golondrina clásica

Este ya tradicional modelo de avión proporciona al aficionado la ocasión de disfrutar de uno de los aparatos que mejor responden, al ser lanzados al aire. Y ello a pesar de que carecen de morro, lo que en principio pudiera considerarse como un freno para su buen rendimiento.

Se construye con una hoja de papel tamaño folio, DIN A-4, o cualquier otro formato que guarde las debidas proporciones, a partir del plegado modular tipo de cabeza de pirámide.

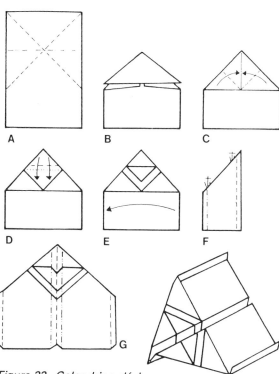

Figura 33. Golondrina clásica.

Destaquemos la fase representada en el dibujo B, en donde se indica que al doblar hacia abajo los dos triángulos encontrados que forman los pliegues superpuestos a la cabeza de pirámide (fase A), no se parte del eje medio longitudinal que pudiera dividir la superficie de ambas figuras geométricas en dos partes iguales, sino de un eje que situaremos, hipotéticamente, a unos 6 o 7 mm por encima de aquél, tal como expone la mencionada ilustración B. Con ello, al montar sobre la parte inferior (dibujo C), el pliegue quedará desplazado por encima de sus bordes perimetrales.

El resto de las operaciones a realizar para completar el modelo queda suficientemente claro en las secuencias gráficas que componen la lámina.

La golondrina constituye la base de la mayoría de los aviones de papel que confeccionan los niños en las escuelas, una vez superada la etapa del modelo de aeroplano clásico que hemos desarrollado en la figura 20. En cierta forma, la golondrina puede considerarse como derivada de la flecha. Es un avión que vuela muy bien tanto en ambientes interiores como en exteriores y que no suele experimentar fracasos acusados, aunque no se haya puesto excesiva atención en su ejecución. Puesto en vuelo y si las condiciones son favorables, se mantiene largo rato en el aire, característica que le hace acreedor a concurrir a competiciones de duración de vuelo.

Avión acrobático Master Plus

Dotado de un timón que puede tomar diversas posiciones para facilitar las maniobras que de él

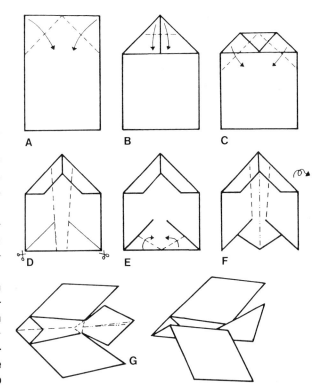

Figura 34. Avión acrobático Master Plus.

solicite el aficionado, este ligero aparato, cuya construcción por otra parte no plantea problemas de ninguna clase, queda dispuesto para realizar algunas acrobacias en el aire, según el deseo y la habilidad del lanzador. Así, por ejemplo, el giro en redondo, el bucle, la caída en espiral, etc. Para actuar debidamente no debe ser impulsado con fuerza, sino suavemente; incluso puede manejarse al estilo de los planeadores, dejándole caer desde cierta altura.

Si el ambiente es cerrado y el lanzamiento se ayuda con un ligero empujón del aparato hacia abajo, es probable que ejecute una vuelta sobre sí mismo, enderece el vuelo y después de un corto trecho recorrido en línea parabólica inicie una nueva vuelta en redondo. A lo mejor, la altura es insuficiente para completar la cabriola y queda en el suelo tendido sobre su dorso. Indudablemente, se trata de un avión muy divertido con el que puede pasarse mucho tiempo estudiando sus reacciones para comprender y mejorar su comportamiento.

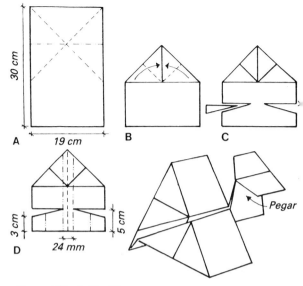

Figura 35. Avión Cirrus.

Avión Cirrus

El nombre le fue dado por Jack Botermans, en recuerdo y homenaje del planeador Cirrus, cuyas elevadas cualidades de vuelo son reconocidas internacionalmente, y al que intentan igualar dentro de su categoría de aparato volador de papel. Se le considera como un magnífico modelo para evolucionar al aire libre.

Se construye con una hoja de papel de medidas especiales: 19 × 30 cm, o 10 × 15 cm. Las ilustraciones que describen gráficamente el proceso de realización de este aparato inician su enseñanza a partir del módulo básico de la cabeza de pirámide.

Como puede verse, en este modelo las tijeras juegan un importante protagonismo para dar vida a las aletas estabilizadoras de cola, en cuya confección interviene, asimismo, un par de gotas de pegamento para pegar la parte superior del timón, ya que en caso contrario no podrían configurarse las alas de popa.

Aletas y timón de cola, en cierta forma independientes del cuerpo del aparato, permiten a este modelo ejecutar algunas acrobacias.

Avión cometa Sirius

Rápido y buen volador, se confecciona con una hoja de papel corriente de escribir, formato folio o DIN A-4. En las nueve ilustraciones que comprende la lámina se detalla el proceso constructivo con la claridad precisa para que el aficionado pueda realizar este modelo sin necesidad de explicaciones complementarias.

Las tijeras adquieren ahora una especial importancia. Ya no se trata solamente de unos tímidos

Avión con tren de aterrizaje Rhin

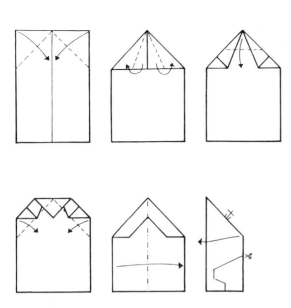

cortes, a manera de incisiones, para separar en dos partes independientes la superficie de papel tratada, sino de recortar dos piezas sobrantes —una por cada mitad del aparato— para conformar el perímetro posterior del plano de las alas, parte del fuselaje y el timón de cola, que prestarán su particular diseño al avión.

Avión con tren de aterrizaje Rhin

Modelo que se origina a partir del avión Blue Star (figura 23) modificando sus características cuando está ya terminado. Entonces se procede a acortarlo, eliminando la parte rayada representada en la ilustración A. El futuro nuevo modelo quedará tal como aparece en la ilustración B.

La construcción del tren de aterrizaje, que comienza ahora, es algo difícil de explicar, aunque en la práctica no ofrece dificultad alguna en su realización. Detallamos gráficamente las fases de la operación de la forma más clara posible.

Vea el morro de pico desde su cara reversa, o sea con el vientre del aparato hacia arriba (letra C, figura 38). Debe entreabrir la pestaña del lado derecho, tal como indica el dibujo. Dentro del

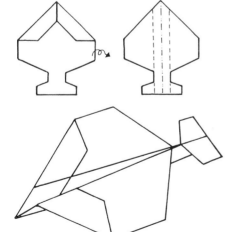

Figura 36. Avión cometa Sirius.

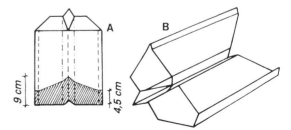

Figura 37. Avión con tren de aterrizaje Rhin.

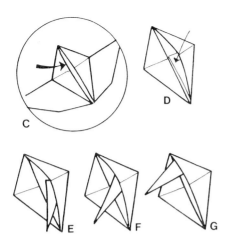

Figura 38

ojal entreabierto vera una lengüeta interior, doblada por su parte delantera (D). Sáquela hacia afuera tirando de su punta inferior (E). Si es necesario ayúdese con unas pinzas. Estire de esta parte de la lengüeta (F), con lo que se desdoblará (G). Doble ahora sobre si el extremo saliente, oprima con los dedos y haga que adquiera un cierto ángulo de inclinación, pero no quede perpendicular (H).

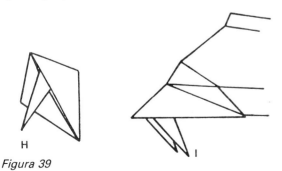

Figura 39

Haga lo mismo con la pestaña izquierda del morro de pico. Los bajos del avión quedarán tal como muestra la figura 39.

Abata las alas para darle forma al avión, eleve los alerones laterales y échelo a volar. Cuando el aparato se acerque al suelo, admire como se apoya por su parte delantera en el tren de aterrizaje, resbala unos centímetros sobre el mismo y al fín queda detenido en la posición de un auténtico avión en la pista del aeropuerto.

Avión mixto de papel y una cañita de plástico

Para despedir el tema, presentaremos, a manera de apéndice, un modelo de avión muy volador en el que interviene papel recortado y *sin plegar,* más un nuevo elemento complementario ajeno a este material, por lo que en realidad no podemos incluírlo dentro de la serie que es objeto de este libro. Pero vamos a describirlo a título de curiosidad. Y por tratarse de un aparato volador elemental, de extremada sencillez en su realización, que responde muy bien a lo que se espera que haga: volar.

El cuerpo del avión es una cañita de plástico de las que se utilizan para absorber horchata o limonada. En uno de sus extremos, que hará de morro del aparato, se incrusta a manera de tapón una pequeña bola de plastilina o material similar, de un diámetro aproximado a 6 u 8 cm. Su misión será la de lastrar la delantera de la construcción, que se rematará acto seguido con las alas. Estas, de papel fuerte —por ejemplo, el llamado de «barba» que se usa en oficinas, o papel vegetal para delineación, o imitación pergamino, etc, pero no demasiado grueso— estarán formadas por dos rectángulos de 22 × 6 cm y 10 × 4 cm. Las alas se fijarán por su parte media a la caña: la de mayor tamaño, situada a 8 cm de la cabeza, y la trasera a 3 cm de la cola. Lo correcto es pegarlas con una cola de impacto tipo universal, pero si se prefiere evitar el tiempo prudencial que requiere el secado, puede utilizarse unas tiritas de cinta autoadhesiva.

Terminado el avión, échelo a volar. Se llevará una sorpresa.

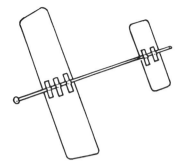

Figura 40. Avión mixto de papel y una cañita de plástico.